山崎治美の楽しいわらべうたあそび集

山崎治美［著］

黎明書房

はじめに

　私が水を得た魚のように元気になるのは、子どもの歓声が響くときです。純粋で無邪気な子どもたちが、私の心を熱くし、私の体をしなやかな動きに導いてくれます。

　時代がどんなに変わろうとも、戸惑うことなく頑固なまでに"わらべうた・あそびうた"を伝承してこられたのは、幼稚園・保育園・児童館・子育て支援センターなどで保育しておられる先生方や子どものすこやかな成長を願う保護者の方々のご支持と応援をいただいたからこそです。

　各地の保育研修会に数多く招いていただくのですが、先生方は「子どもは、生の声に親しむことで、温かさや安らぎを感じます。特に"わらべうた・あそびうた"は、子どもの生体リズムにも合って、心が穏やかになり、落ち着いてきます。子どもの心を豊かに育むには"わらべうた・あそびうた"での遊びが、道具もいらず、簡単な動きで、いつでも子どもと向き合うことができる優れものです」と、きっぱりおっしゃいます。だから私は、現場に携わる先生方や保護者の方々に応えられるようにと、研修会や子育て支援などの場で、"わらべうた・あそびうた"でのユニークな遊びを伝授しながら各地を回っています。

　平成23年度から実施される新学習指導要領に、小学1年生からわらべうたや伝説が新たに加わることは大変喜ばしいことで、日本人としての誇りを実感し感激しています。

　"わらべうた・あそびうた"は、世代を超えてだれもがうたえて触れ合える楽しさいっぱいの歌です。これを機に、"わらべうた・あそびうた"の魅力をとことん伝承していこうと思います。

　今回は、多くのご要望もあり、またわらべうた・あそびうたをより楽しんでいただけるようにと、歌をCDにまとめましたので、ぜひご活用ください。なお、CDの音の高さが楽譜と異なる曲もありますが、楽譜にこだわらず好きな高さでうたって楽しんでください。

　音楽制作にあたっては、名古屋音楽大学の田中省三先生のご指導を受けました。厚くお礼申し上げます。また出版にあたって、遊戯研究家の三宅邦夫先生のお力添えをいただくとともに、黎明書房社長の武馬久仁裕さまや編集部の都築康予さまにも大変お世話になり、感謝でいっぱいです。

山崎 治美

活用していただくにあたって

　この本の"わらべうた・あそびうた"の遊びは、一般的に知られている遊びとは異なるオリジナルな遊びを紹介しています。
　素朴な"わらべうた・あそびうた"だからこそ、視点を変え、柔軟に発想することができて、新しい遊びを編み出すことができました。
　どの遊びも大変好評だったものばかりなので、この本を読んだら、すぐに実践していただいても受けること間違いなしです。

〈スキンシップ編〉について

　ある日のこと、携帯型ゲームをやりながら歩いている3歳ぐらいの男の子が、ゲーム機の画面に向かって「やった！　死んだー！」と歓声を上げました。そして一目散に母親に近づいて「はい、ママ」とゲーム機を母親に手渡しました。母親は、「やった！　死んだー！」とこぶしを振り上げたわが子にまったく気づきませんでした。
　ある催しで、私は、げんこつ山のたぬきさんの手遊びをしてから、子どもを抱き、揺りかごをし、最後にたかいたかいをするという親子のふれあい遊びを紹介しました。そうしたら、膠原病を患って長生きできないと宣告されていた母親から、「初めてありったけの力を振り絞って子どもを抱き上げました。ズッシリと感じた我が子の成長の重みは、母親としてこれからの生きる力となり、励みになりました」と、感動のお言葉をいただきました。
　出会ったこの2つの場面から、人の生命の重さや崇高さを、大人も子どもも感じるような触れ合い体験の場づくりの必要性を痛感しました。
　スキンシップ遊びは、お互いに照れずに気取らずに、スーと自然に触れ合い甘えられて、心の緊張をほぐします。遊びの中で心を許して甘えられるなんて、何にも換えがたい最高の幸せです。そして、思いやり、いたわり、優しさ、温かさ、安定感など、心を豊かに育み、心の絆を深めます。

〈スリル編〉について

　人生はスリルの連続です。生命に危害を及ぼすような取り返しのつかない落とし穴もあります。
　しかし、遊びの中のスリルは、遊び仲間全員がハラハラ、ドキドキを共有するのです。
　ワンワンといえば犬に、カアカアといえばカラスに、チュウチュウといえばねずみに変身できるスリル。くすぐったり、逃げたり、追いかけたり、手をたたいたり、ジャンケンをしたりのスリル。全員が参加できて一人として傍観者がいないスリルだから、仲間意識が芽生えてみんなで楽しむことができます。
　思いっきりパチン！　といってもめちゃなたたき方はしません。透明な縄であってもめちゃなまわし方はしません。相手の気持ちを思いやるスリルだから、安心してみんなで楽しむことができます。
　犬になったかと思ったらてんぐになったり、敵だと思ったら味方だったり、逃げていたのに追いかけていたり、常に役割が変わるスリル。一瞬にして立場が入れ替わり、相手にいじわるできないスリルだから、お友だちがいっぱいできて、みんなで楽しむことができます。

〈ストーリー編〉について

　お話をいっぱい持っている人ほど、感性豊かで人間味があり、夢あふれる素晴らしい人格者になっておられます。
　読み語りなどを通して読書好きになるように、歌からお話好きになったらどんなに素敵だろうと思い巡らしているうちに、ユニークなストーリー遊びに発展していきました。
　歌そのものにもストーリーがあります。ちょっと手を加えることで、さらにストーリーが膨らんで、楽しくうたうことができます。またストーリーに合わせて手や体で表現しながらうたうことで、表情も豊かになり、脳や体も活性化して、明日の活力に繋がります。

もくじ

はじめに 1

スキンシップ編
さわってさわって コチョコチョ、ギュッ！ 5

♪ **いっぽんばし** 6
　コチョコチョで遊ぼう　ギューで遊ぼう

♪ **くしゃみさんかい** 9
　スキンシップ＋ゆりかご

♪ **いろはにこんぺいとう** 12
　片脇くすぐりっこ　両脇くすぐりっこ　知恵の輪　チェンジチェンジふれあい

♪ **やまがあって** 18
　絵かき遊び　さわってさわってバア！

♪ **ここはじいちゃん＆まあかわいい** 20
　"にんどころ"でスキンシップ　"まあかわいい"でスキンシップ

♪ **おうま＆ぎったんばったん** 24
　膝馬でギュー・ストン！　背中馬でペシャン！
　たかいたかい1・2・3　メリーゴーラウンド

♪ **ずいずいずっころばし** 28
　すわってどんどこしょ

♪ **せんたっきグルグル** 31
　造形ごっこ　ゆりかごごっこ

♪ **あぶくたった** 36
　親のさがしっこ

スリル編
ハラハラドキドキ 友だちいっぱい できるかな？ 41

♪ **わんわんほえるよ　こいぬ** 42
　ジャンケンくすぐり　離れてくっついて　犬とてんぐ

♪ **いちわのカラス** 48
　透明縄とびごっこ　集合ごっこ

♪ **ここほれワンワン** 52
　おばけでにげろ

🎵 **ゆきやこんこ** 54
　ネコかイヌか

🎵 **チュウチュウチュウ** 57
　「チュウ」で引っ越し、「ニャーオ」でニューファミリー

🎵 **はないちもんめ** 59
　グループジャンケン　ふやしジャンケン

🎵 **あんたがたどこさ** 63
　上下顔振りごっこ＆左右顔振りごっこ　花びんと花の対戦　前進後退で尻ずもう

🎵 **おちかさん** 67
　小皿わりっこ

🎵 **さるかにかっせん** 70
　尻ずもう　思いっきりパチン！　つられないでホイ！

🎵 **みそラーメン** 74
　ラーメンジャンケン

ストーリー編
うたってワクワク、お話だいすき！　77

🎵 **グーチョキパー** 78
　花になって遊ぼう　ちょうちょになって遊ぼう　花とちょうちょになって遊ぼう
　おかあさんで遊ぼう　おとうさんで遊ぼう　グーチョキパー体操

🎵 **げんこつ山のたぬきさん** 81
　手げんこつで遊ぼう　足げんこつで遊ぼう　グループで遊ぼう
　お話をつくって遊ぼう１　お話をつくって遊ぼう２

🎵 **ぼくはきみがすきだ** 87
　すきだ、すきだ、すきだ！

🎵 **おおきなくりの木のしたで** 89
　おそばやさんごっこ

🎵 **でんでんでんぐるま** 92
　でんでんでんぐるまのストーリーあそび

🎵 **おたまじゃくし＆ごんべさんのあかちゃん** 95
　おたまじゃくしのストーリーあそび
　ごんべさんのあかちゃんのストーリーあそび

CD収録曲一覧 99

さわってさわって コチョコチョ、ギュッ！

スキンシップ編

いっぽんばし

子どもはくすぐり遊びが大好きです。
「階段すべって」とは意外性があります。人生にはすべったり、転んだり、けがをしたりと苦しいこと、つらいこと、悲しいことがいっぱい。でも、くじけないで頑張れ！と応援してくれるような歌です。
さみしそうなとき、悲しそうなとき、しょんぼりしているときなどにも、くすぐり遊びは効果てき面！

いっぽんばし　こちょこちょ
たたいて　つねって
かいだんすべって　さあ　このとおり
コチョコチョ……（ギュー）

遊び方 ① 🎵 コチョコチョで遊ぼう

大人（親、先生など）と子どものスキンシップに最適。

❶ いっぽんばし

人差し指で手のひらをつつく。

❷ こちょこちょ

手のひらをくすぐる。

❸ たたいて

手のひらを軽くたたく。

❹ つねって

手のひらを軽くつねる。

❺ かいだんすべって

肩から手首にかけて、指をすべらせる。

❻ さあ このとおり

手首を持って、腕を上げる。

❼ コチョコチョ……

脇を思いっきりくすぐる。

スキンシップ編

遊び方 2 ♪ ギューで遊ぼう

大人（親、先生など）と子どものスキンシップに最適。

❶ いっぽんばし

人差し指で鼻をつつく。

❷ こちょこちょ

ほおをくすぐる。

❸ たたいて

ほおを軽くたたく。

❹ つねって

ほおを軽くつねる。

❺ かいだんすべって

両手を胸から下へすべらせる。

❻ さあ　このとおり

両手を広げる。

❼ ギュー
抱きしめる。

くしゃみさんかい

最初から最後まで目と目を合わせて触れ合っているうちに、風邪がどこかへ吹っ飛んで元気になる遊びです。
体温計に見立てた人差し指が、この遊びをグーンと盛り上げます。

> くしゃみさんかい　クシュンクシュンクシュン
> ひいたかな　まだひかない
> くしゃみさんかい　クシュンクシュンクシュン
> ひいたかな　まだひかない
> くしゃみさんかい　クシュンクシュンクシュン
> ひいたかな　もうひいた
> きゅうきゅうじどうしゃ　ピポピポピポ
> ちょうしんきで　ポンポンポン
> くすりをのんで　おふとんしいて　ねましょ
> なおったかな　まだだよ　なおったかな　まだだよ……
> なおったかな　もういいよ

スキンシップ編

あそびうた

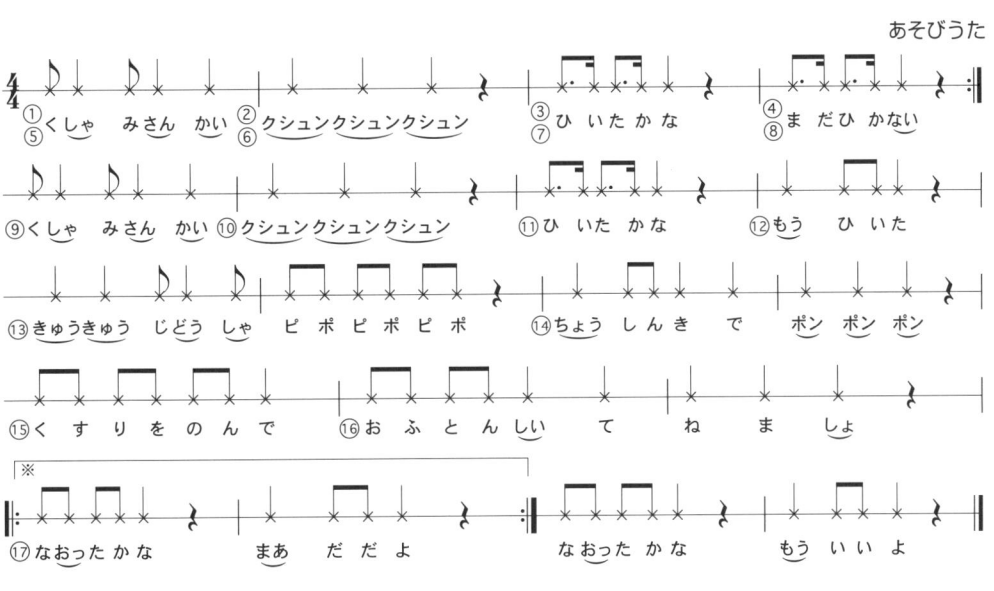

※ 何回でも繰り返す。

遊び方 ♪ スキンシップ＋ゆりかご
親子で1組。先生と子どもでもよい。子育て支援にも役立つ。

❶ くしゃみさんかい

つないだ手を振る。

❷ クシュンクシュンクシュン

手合わせ3回。

❸ ひいたかな

おでこをさわる。

❹ まだひかない

腕を組む。

❺ くしゃみさんかい
❻ クシュンクシュンクシュン

＊❶❷と同じ動作。

❼ ひいたかな

おでこをくっつける。

❽ まだひかない

＊❹と同じ動作。

❾ くしゃみさんかい
❿ クシュンクシュンクシュン

＊❶❷と同じ動作。

❶ ひいたかな

体温計にした人差し指を子どもの脇に差し込む。

⓬ もうひいた

脇から体温計を抜く。

⓭ きゅうきゅうじどうしゃ
　　ピポピポピポ

抱きしめる。

⓮ ちょうしんきで
　　ポンポンポン

聴診器にした指で胸をさわる。

⓯ くすりをのんで

薬を飲ませる。

⓰ おふとんしいて　ねましょ

子どもを抱き上げる。

⓱ なおったかな　まだだよ…
　　なおったかな　もういいよ

ゆりかご（抱き上げた子どもを揺らす）を繰り返す。

スキンシップ編

いろはにこんぺいとう

桃色や水色、黄色に白色……金平糖のほんわかとした色合いが、心を癒してくれます。一度にどっさりと砂糖をかけるときは、顔に向けて振りかけると、心地よいスリルを感じてくれます。

♪ いろはにこんぺいとうが　たべたいな
まだ　あまくないよ　パッパッパッ
まだ　あまくないよ　パッパッパッ
まだ　あまくないよ　ドサァ
さあ　あまくなったよ　おたべ
ムシャムシャ……

あそびうた

遊び方 1 ♪ 片脇くすぐりっこ

大人（親、先生など）と子どものスキンシップに最適。

❶ いろはにこんぺいとうが

人差し指で手のひらをつつく。

❷ たべたいな

手のひらを軽くたたく。

❸❺❼ まだ　あまくないよ

手首から上の方へ両手の親指を交互に動かす。

❹❻ パッパッパッ

砂糖を振りかける動作。

❽ ドサァ

一度にたくさんの砂糖を振りかける動作。

❾ さあ　あまくなったよ　おたべ

手首を持って、腕を上げる。

❿ ムシャムシャ……

脇を思いっきりくすぐる。

スキンシップ編

遊び方 ② ♪ 両脇くすぐりっこ

大人（親、先生など）と子どものスキンシップに最適。
子育て支援にも役立つ。

❶ いろはにこんぺいとうが
❷ たべたいな

両手の人差し指でおなかをつつく。

❸❺❼ まだ あまくないよ

おなかから顔へ順にふれる。

❹❻❽ パッパッパッ（ドサァ）

砂糖を振りかける。

❾ さあ あまくなったよ
　おたべ

両手を上げる。

❿ ムシャムシャ……

両脇を思いっきりくすぐる。

遊び方 ❸ ♪ 知恵の輪

10人ぐらいで1組になり、うち1人がほどき役、他はからまり役になる。何組でも参加できる。

・・・

❶ いろはにこんぺいとうが
❷ たべたいな

からまり役は輪になり、手をつないで回る。

❸❺❼ まだ あまくないよ

つないだ手を離さないでからまり合い、知恵の輪をつくる。

❹❻ パッパッパッ

ほどき役は砂糖を振りかける。

❽ ドサァ

どっさり砂糖を振りかける。

❾ さあ あまくなったよ
　　おたべ

つくった知恵の輪は静止する。

❿ ムシャムシャ……

ほどき役はからまりを解いて元通りにする。

スキンシップ編

遊び方 ❹ ♪ チェンジチェンジふれあい
人数が多いほど楽しくなる。

❶ いろはにこんぺいとうが
❷ たべたいな

手を打ちながら自由に歩く。

❸❺❼ まだ あまくないよ

組んだ腕を上下に動かして、向き合う相手を探しながら歩く。

❹❻ パッパッパッ

相手に向かって、両手を握ったり開いたりする。

❽ ドサァ

相手に向けて、両腕を大きく振り下ろす。

❾ さあ　あまくなったよ　おたべ

「さあ」で手をつなぎ、「あまくなったよ　おたべ」でつないだ手を離さないで、背中合わせになる。

❶～❾を繰り返して遊ぶ。

 やまがあって

「いないいないばあ」は赤ちゃんが人を信頼することを学ぶ最初の遊びです。別れても絶対に会える安心感、信頼関係があれば、しかめっ面の「バア」でもちゃんと受け止められる強さがあるのです。
夫婦円満遊びにももってこい……という人もいました。

やまがあって　たにがあって
だんだんばたけに　むぎばたけ
きゅうりがあって　まめがあって
さかなになっちゃった　バア！

わらべうた

①やまがあって　②たにがあって　③だんだんばたけに　④むぎばたけ
⑤きゅうりがあって　⑥まめがあって　⑦さかなになっちゃった　⑧バア！

遊び方 ① 絵かき遊び
うたいながら順に描いていくと、魚の絵のできあがり。

❶ やまがあって　❷ たにがあって　❸ だんだんばたけに　❹ むぎばたけ

❺ きゅうりがあって　❻ まめがあって　❼ さかなになっちゃった　❽ バア！

遊び方 ❷ ♪ さわってさわってバア！

大人（親、先生など）と子どもが向き合う。子育て支援にも役立つ。

❶ やまがあって

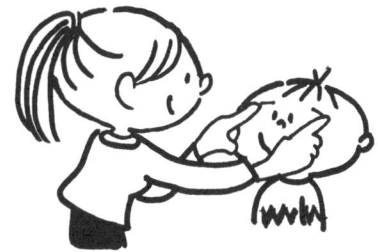

子どものまゆをなでる。

❷ たにがあって

あごをなでる。

❸ だんだんばたけに

両ほおを軽くたたく。

❹ むぎばたけ

胸をくすぐる。

❺ きゅうりがあって

鼻をなでる。

❻ まめがあって

耳たぶをつまむ。

❼ さかなになっちゃった

両手で顔をおおう。

❽ バア！

両手を離して、ゆかいな顔になる。

ここはじいちゃん＆まあかわいい

脈々と受け継がれた生命の尊さを思うと、崇高な気持ちになります。
自分の顔は祖父母や父母などいろんな人に似ているから"にんどころ"。そして、子どもへの愛の最高のことばが"まあかわいい"。
同じことばの繰り返しで幸せがいっぱいの遊びです。

「ここはじいちゃん」

ここはじいちゃん　にんどころ
ここはばあちゃん　にんどころ
ここはとうちゃん　にんどころ
ここはかあちゃん　にんどころ
ここはねえちゃん　にんどころ
だいどうだいどう　くーちゅくちゅ

わらべうた

遊び方 ♪

"にんどころ" でスキンシップ

大人（親、先生など）と子どもの2人1組。何組でもできる。
子育て支援にも役立つ。

❶ ここはじいちゃん
　にんどころ

まゆをさわる。

❷ ここはばあちゃん
　にんどころ

鼻をさわる。

❸ ここはとうちゃん
　にんどころ

口をさわる。

❹ ここはかあちゃん
　にんどころ

ほおをさわる。

❺ ここはねえちゃん
　にんどころ

耳をさわる。

❻ だいどうだいどう　くーちゅ

顔全体をさわる。

❼ くちゅ

まゆ、鼻、口、ほお、耳のうち、
いずれかをさわる。

「まあかわいい」

まあ　かわいい　かわいい　おめめ
まあ　かわいい　かわいい　おはな
まあ　かわいい　かわいい　おくち
まあ　かわいい　かわいい　ほっぺ
まあ　かわいい　かわいい　こども

あそびうた

両親や祖父母が園へ来る機会をとらえて、やってみましょう。役割を逆転させて、子どもが親をさわる役にしても、ほほえましいですよ。

遊び方 ♪　　"まあかわいい" でスキンシップ

大人（親、先生など）と子どもの2人1組。何組でもできる。
子育て支援にも役立つ。

・・・

❶❸❺❼❾
まあ　かわいい　かわいい

手を左右に思いっきり振る。

❷ おめめ

目をさわる。

❹ おはな

鼻をさわる。

❻ おくち

口をさわる。

❽ ほっぺ

ほおをさわる。

❿ こども

ギュッと抱く。

スキンシップ編

年齢が低い子どもほど、先生や親の膝は居場所であり安全基地です。
愛情が深まる2人だけの世界に、大人も子どもも幸せなひとときを過ごせます。

「おうま」

おうまの おやこは なかよしこよし
いつでも いっしょに
ぽっくりぽっくり あるく
ギュー！（ストン！、ペシャン！）

林 柳波 詞／松島つね 曲

ひとこと

子どもが馬になり、親が子どもの背中にお尻を乗せると、子どもの顔はキリリと引き締まって真剣そのもの。
やり終えた子どもの顔には自信がみなぎっていて、ほほえましいです。

遊び方 ① ♪ 膝馬でギュー・ストン！

大人（親、先生など）と子どもの2人が1組になる。何組でもよい。

❶ おうまの　おやこは…
　ぽっくりぽっくり　あるく

向き合うように子どもを膝に乗せて、膝を上下に動かす。

❷ ギュー！（ストン！）

　もしくは　

ギューと抱く。もしくは、ひらいた足の間にストンと子どものお尻を落とす。

遊び方 ② ♪ 背中馬でペシャン！

大人（親・先生など）と子どもの2人が1組になる。何組でもよい。

❶ おうまの　おやこは…
　ぽっくりぽっくり　あるく

❷ ペシャン！

大人は馬になり背中に子どもを乗せ、
腕や足を屈伸させて背中を上下させる。

手足を伸ばす。

スキンシップ編

「ぎったんばったん」

ぎったん　ばったん　おもしろや
のぼれば　てん　うえまでも
くだれば　うみの　そこまでも

わらべうた

① ぎったん　② ばったん　③ おもしろ　④ や
⑤ のぼれば　⑥ てん　⑦ うえまでも
くだれば　うみの　そこまでも

遊び方 ① ♪ たかいたかい1・2・3

大人（親、先生など）と子どもの2人が1組になる。何組でもよい。

❶ ぎったん　　　　　　　❷ ばったん
❸ おもしろ　　　　　　　❹ や
❺ のぼれば　　　　　　　❻ てん

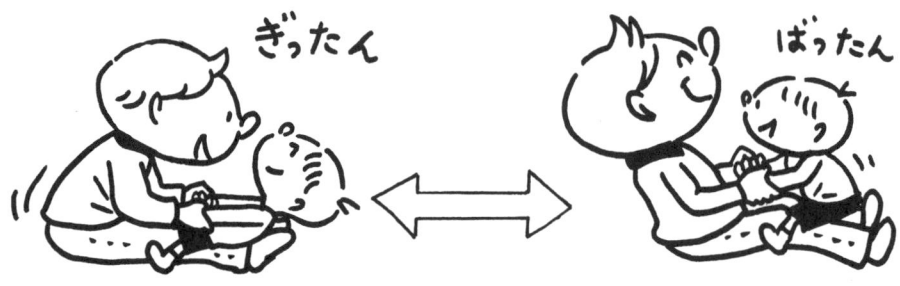

向き合うように子どもを膝に乗せて、体を前後に動かす。

❼ うえまでも　くだれば　うみのそこまでも

〈バージョン1〉
座ったまま、たかいたかい。

〈バージョン2〉
立って、たかいたかい。

〈バージョン3〉
立って、たかいたかいを
したまま回転。

遊び方 ❷ 🎵 メリーゴーラウンド
大人（親、先生など）と子どもの2人が1組になる。何組でもよい。

❶〜❻ ぎったん　ばったん…のぼれば　てん

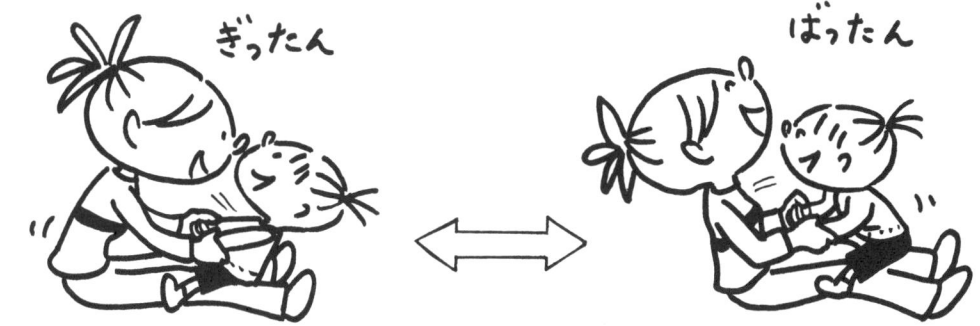

遊び方❶「たかいたかい1・2・3」の❶〜❻と同じ動作。

❼ うえまでも　くだれば
　うみのそこまでも

子どもの脇を支えて回転。

スキンシップ編

ずいずいずっころばし

膝に乗せたり、揺らしたり、ないしょ話をしたり、くすぐったり……が歌詞とぴったり合って、まるでこれがもともとの遊びかと思い込んでしまいそうです。
とっぴんしゃん、どんどこしょ、ちゅうちゅうちゅう……の擬態語、擬声語に元気づけられ、コミカルな気分になってきます。

♪
ずいずいずっころばし　ごまみそずい
ちゃつぼにおわれて　とっぴんしゃん
ぬけたら　どんどこしょ
たわらのねずみが　こめくって　ちゅう
ちゅう　ちゅう　ちゅう　……
おっとさんがよんでも　おっかさんがよんでも
いきっこなあしよ
いどのまわりで　おちゃわんかいたの　だあれ

※ 何回でも繰り返す。

遊び方 ♪ すわってどんどこしょ

大人（親、先生など）と子どもの2人1組。子育て支援にも役立つ。

❶ ずいずいずっころばし
　ごまみそずい

つないだ手を左右に揺らす。

❷ ちゃつぼにおわれて
　とっぴんしゃん

つないだ手を上下に動かす。

❸ ぬけたら　どんどこしょ

大人は腰を下ろして足をのばす。

❹ たわらのねずみが
　こめくって　ちゅう

子どもは大人の膝の上にしゃがむ。

❺ ちゅう　ちゅう　ちゅう……

「ちゅう」を何回も繰り返して、大人は膝を上下に動かす。

スキンシップ編

遊び方 ♪ すわってどんどこしょのつづき

❻ おっとさんがよんでも
　おっかさんがよんでも
　いきっこなあしよ

耳元に手をあてて、ないしょ話ごっこ。

❼ いどのまわりで
　おちゃわんかいたの
　だあれ

思いっきり体をくすぐる。

よく知られている遊び方は、大勢が輪になって、みんなが出した指筒を1人が人差し指でつついていくという遊びです。

せんたっきグルグル

洗濯機の発明が、このあそびうたの誕生のきっかけになった傑作中の傑作です。
かつて、韓国の幼児教育関係者の研修会で紹介したら大変好評でした。

せんたっきグルグル　まわしてグルグル
あらいましょ（手拍子）
おみずをいれて　ジャブジャブジャブ
パンツをいれて　ブクブクブク
せんたっきグルグル　まわしてグルグル
あらいましょ（手拍子）
よくすすいで　プルルンルン
よくしぼって　ザップンブン
さあ　できあがり
ものほしざおにほして
かわくまで　かわくまで……
ひとやすみ
かわいたかい　まだだよ　かわいたかい　まだだよ
かわいたかい　かわいたよ

スキンシップ編

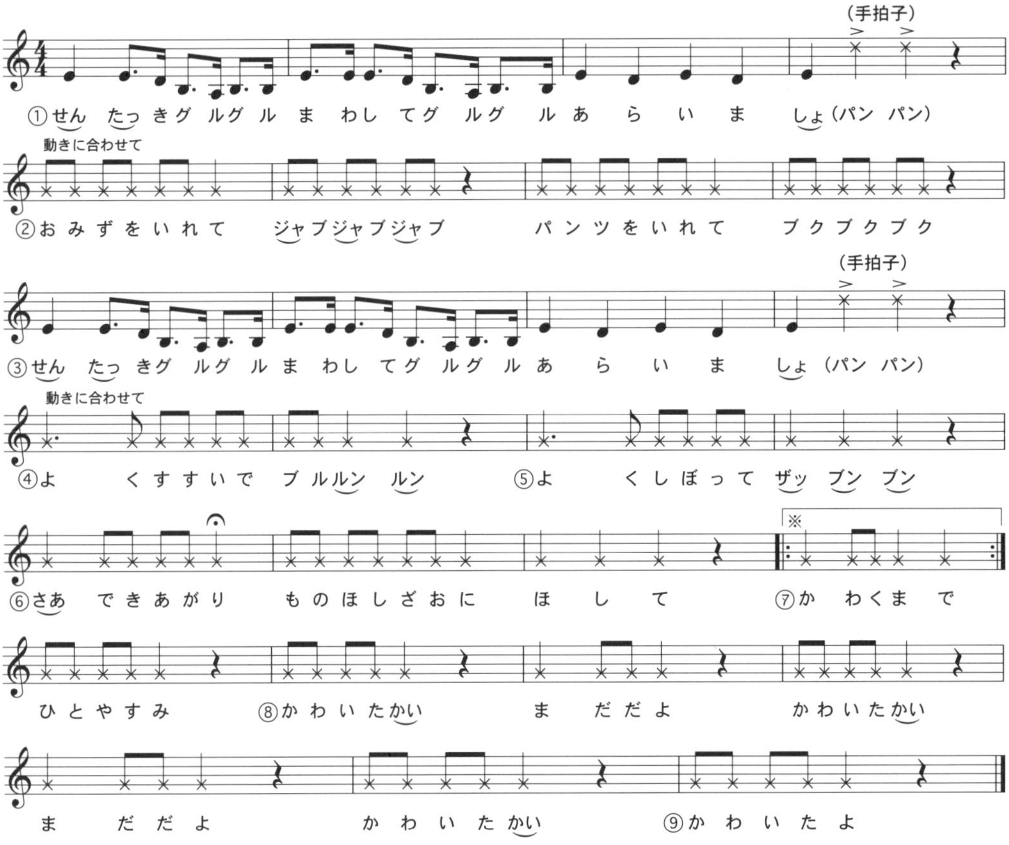

あそびうた

①せんたっきグルグルまわしてグルグルあらいましょ（パンパン）
②おみずをいれて ジャブジャブジャブ パンツをいれて ブクブクブク
③せんたっきグルグルまわしてグルグルあらいましょ（パンパン）
④よくすすいで ブルルンルン ⑤よくしぼって ザップンブン
⑥さあ できあがり ものほしざおに ほして ⑦かわくまで
ひとやすみ ⑧かわいたかい まだだよ かわいたかい
まだだよ かわいたかい ⑨かわいたよ

※ 遊びが終わるまで繰り返す。

遊び方 ① 🎵 造形ごっこ

洗い役と洗われ役の2人1組になる。何組でもよい。子ども同士でもできる。

❶❸ せんたっき…あらいましょ

頭をまわす。

❷ おみずを…ブクブクブク

水やパンツを入れる動作。

❹ よくすすいで　ブルルンルン

肩を揺する。

❺ よくしぼって　ザップンブン

抱きしめる。

❻ さあ　できあがり
　　ものほしざおにほして

両手を持って広げる。

❼ かわくまで…ひとやすみ

体の部位を動かしてポーズをとらせる。

❽ かわいたかい…かわいたかい

そのままのポーズで静止。

❾ かわいたよ

ポーズをくずす。手をたたいてたたえる。

スキンシップ編

遊び方 ❷ ♪ ゆりかごごっこ

大人（親、先生など）と子どもの2人1組でするとよい。子育て支援にも役立つ。

❶〜❺ せんたっき…ザップンブン

遊び方❶「造形ごっこ」の❶〜❺と同じ動作。

❻ さあ　できあがり
　　ものほしざおにほして

子どもを抱き上げる。

❼ かわくまで…ひとやすみ

左右に揺り動かす。

❽ かわいたかい…かわいたよ

顔を見つめてほほえむ。

ひとこと

1人の洗われ役を中心にして、6～7人の洗い役が輪になります。洗い役は手をつないで回ったり、水やパンツなどを入れたりしてから、グループみんなで洗われ役の手足などを動かして、造形ごっこをするのも楽しいですよ。

スキンシップ編

山崎先生のミニコラム

かつての子どもたちは、学校から帰るとすぐに「○○ちゃんあそぼ」と声を掛け合って、地域の仲間との遊びの世界へ走っていきました。集まった仲間の実情に合わせてルールを変えたり、工夫を重ねて、遊び仲間ならではのオリジナルな遊びを創り出していました。中でも、うた遊びをしていると、心も体も解放されて、たちどころに別世界にいる気分でした。
今にして思えば、そのような遊びが心地よい疲れをもたらし、早寝早起き朝ごはんという生活リズムも作ったのでしょう。そして、遊んでいるうちに自然に社会性や思考力、忍耐力、運動神経などが養われました。
うたいながら手をとり体に触れる遊びの楽しさは、子守歌をうたいながらおっぱいを飲ませてくれたり、おんぶや抱っこで慈しんでくれたお母さんの記憶をよみがえらせてくれます。だから、わらべうたあそびはいつまでも遊び継がれるのです。そして、新しいあそびうたが誕生して、子どもたちの世界に伝承されていくのです。

あぶくたった

ぐつぐつ煮立つあずきを、食べたくて食べたくて待ちきれない様子が、生き生きと表現されている素晴らしいわらべうたです。
おいしく食べた満足感が、お風呂や歯磨き、ふとん敷きからも伝わってきます。

♪ あぶくたった　にえたった
にえたかどうだか　たべてみよ
ムシャムシャムシャ　まだにえない
あぶくたった　にえたった
にえたかどうだか　たべてみよ
ムシャムシャムシャ　まだにえない
あぶくたった　にえたった
にえたかどうだか　たべてみよ
ムシャムシャムシャ　もうにえた
とだなにしまって　ガチャガチャガチャ
ごはんをたべて　モグモグモグ
おふろにはいって　ゴシゴシゴシ
はをみがいて　シュッシュッシュッ
おふとんしいて　ねましょ
グーグーグー　グーグーグー　グーグーグー……
よがあけた！

わらべうた

① ④ あ ぶくたった にえたった
② ⑤ にえたかどうだか たべてみよ
③ ⑥ ムシャムシャムシャ まだにえない
⑦ あ ぶくたった にえたった
⑧ にえたかどうだか たべてみよ
⑨ ムシャムシャムシャ もうにえた

ゆっくりと
⑩ とだなにしまって ガチャガチャガチャ
⑪ ごはんをたべて モグモグモグ
⑫ おふろにはいって ゴシゴシゴシ
⑬ はをみがいて シュッシュッシュッ
⑭ おふとんしいて ねましょ
⑮ グーグーグー 元気よく
⑯ よがあけた！

※ 遊びに合わせて自由に繰り返す。

スキンシップ編

遊び方 ♪ 親のさがしっこ

親役と子ども役の2人1組になる。もちろん親子なら最高。何組でもよい。

❶❹
あぶくたった にえたった

親役　子役

手を左右に振る。

❷❺
にえたかどうだか たべてみよ

手を上下に動かす。

37

遊び方 ♪ 親のさがしっこのつづき

❸❻ ムシャムシャムシャ まだにえない

親が子どもの体をくすぐる。

❼ あぶくたった にえたった

＊❶と同じ動作。

❽ にえたかどうだか たべてみよ

＊❷と同じ動作。

❾ ムシャムシャムシャ もうにえた

親はくすぐってから「もうにえた」で両手を上げる。

❿ とだなにしまって ガチャガチャガチャ

親は子どもの背中を軽くたたく。

⓫ ごはんをたべて モグモグモグ

親は子どもの口元に手を近づけ、子どもは食べる動作。

⑫ おふろにはいって
　　ゴシゴシゴシ

親は子どもの背中をさする。

⑬ はをみがいて
　　シュッシュッシュッ

親は口をあけた子どもの歯を磨く動作。

⑭ おふとんしいて　ねましょ

親はふとんを敷く動作。

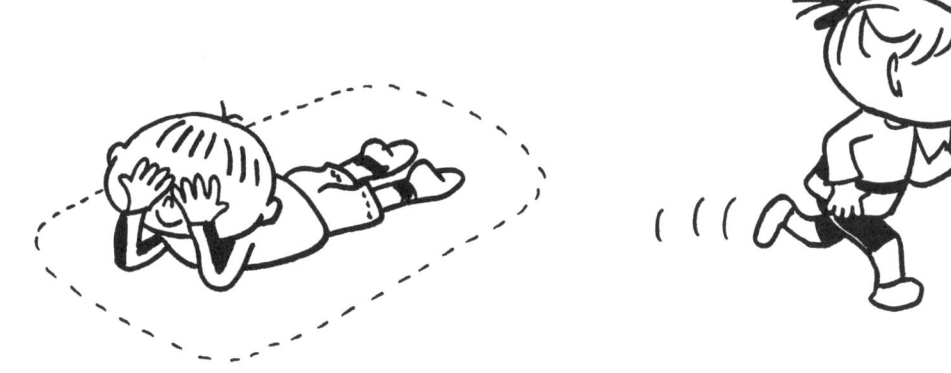

⑮ グーグーグー……

子どもはうつ伏せで目かくしする。その間に親はどこか隅へ移動してうつ伏せになる。

スキンシップ編

遊び方 ♪ 親のさがしっこのつづき

⓰ よがあけた！

親が全員移動してうつ伏せになったら、先生（リーダー）は「よがあけた！」と子どもに知らせる。子どもは目をあけて自分の親を探す。
どの子が早く自分の親を探すか挑戦！

《子役》　「よがあけた！」　《親役》

ひとこと

親と子のスキンシップ遊びとしても最高です。
「おふとんしいて……」以降は下記のように、触れ合ってみてください。

⓮ おふとんしいて ねましょ
抱き上げる。

⓯ グーグーグー……
ゆりかご。

⓰ よがあけた！
たかいたかい。

ハラハラドキドキ
友だちいっぱい
できるかな？

スリル編

わんわんほえるよ こいぬ

親しみのあることばが、ちゃらんぽらんだけどしりとり風で、自然にうたえて楽しく遊ぶこともできて、摩訶不思議です。

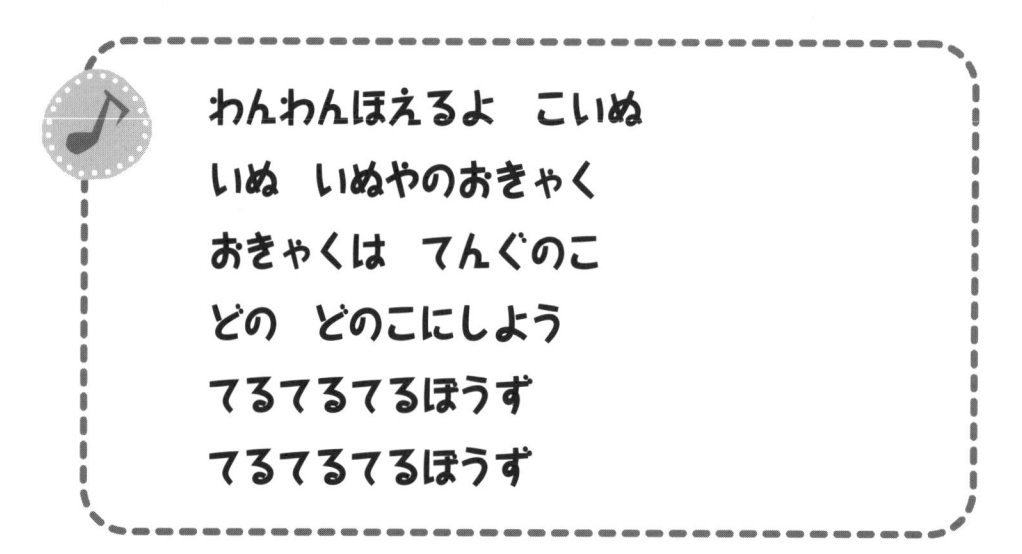

♪
わんわんほえるよ　こいぬ
いぬ　いぬやのおきゃく
おきゃくは　てんぐのこ
どの　どのこにしよう
てるてるてるぼうず
てるてるてるぼうず

あそびうた（外国曲より）

①わん わん ほえるよ こ いぬ　②い ぬ いぬやの お きゃく
③お きゃ く は てんぐのこ　④ど の どのこにし よ う
⑤て る てるてる ぼ う ず　⑥て る てるてる ぼ う ず

遊び方 ① ♪ ジャンケンくすぐり

2人1組。何組でも参加できる。

❶ わんわんほえるよ　こいぬ

ほおをさわる。

❷ いぬ　いぬやのおきゃく

お尻を軽くたたく。

❸ おきゃくは　てんぐのこ

鼻をつまんでひねる。

❹ どの　どのこにしよう

どのこに
しよう

かいぐりしてジャンケンをする。

❺ てるてるてるぼうず
❻ てるてるてるぼうず

勝ったら相手をくすぐる。

スリル編

遊び方 ❷ ♪ 離れてくっついて

2人1組。何組でも参加できる。

❶ わんわんほえるよ　こいぬ

手を頭に当てて、お互いに好きな所へ移動。

❷ いぬ　いぬやのおきゃく

腕を胸の前で交差させて、さらに離れる。

❸ おきゃくは　てんぐのこ

げんこつを鼻に当てて、さらに離れる。

❹ どの　どのこにしよう

人差し指を出して、さらに離れる。

❺ てるてるてるぼうず　　　　　　　❻ てるてるてるぼうず

歩きながら接近する。　　　　　　　ギュッと抱き合う。

遊び方 ❸ ♫　犬とてんぐ
「犬」と「てんぐ」になって2人1組。多いほど楽しい。

❶ わんわんほえるよ　こいぬ　　　　❷ いぬ　いぬやのおきゃく

口元で指をはじく。　　　　　　　　手足を上下に動かす。

スリル編

遊び方 ❸ 🎵 犬とてんぐのつづき

❸ おきゃくは　てんぐのこ

鼻にげんこつを重ねて、てんぐの鼻をつくる。げんこつをはなしたり、くっつけたりする。

❹ どの　どのこにしよう

手をつなぐ。

❺ てるてるてるぼうず

手をつないだまま、背中合わせになる。

❻ てるてるてるぼうず

元にもどって向き合う。

❼「犬！（てんぐ！）」

先生（リーダー）の指名で動く。
「犬！」のとき、犬は「ワンワン……」といいながら、口元で指をはじきながら移動して、別のてんぐを探して手をつなぐ。
「てんぐ！」のとき、てんぐはてんぐの鼻をつくって、「カーカー……」といいながら移動し、別の犬と手をつなぐ。

ひとこと

指名されなかった犬またはてんぐは、その場を絶対に動かないこと。
「犬とてんぐ」の指名があれば、犬もてんぐも移動して別の相手を探しましょう。

スリル編

いちわのカラス

長縄がなくても想像力さえあれば、いつでも、どこでも、だれとでも楽しむことができます。登場人物に鳥や魚など関連性がないのは、「だれとでもなかよく遊ぼうよ」というメッセージが込められているからだと思います。

「いちわのカラス1」

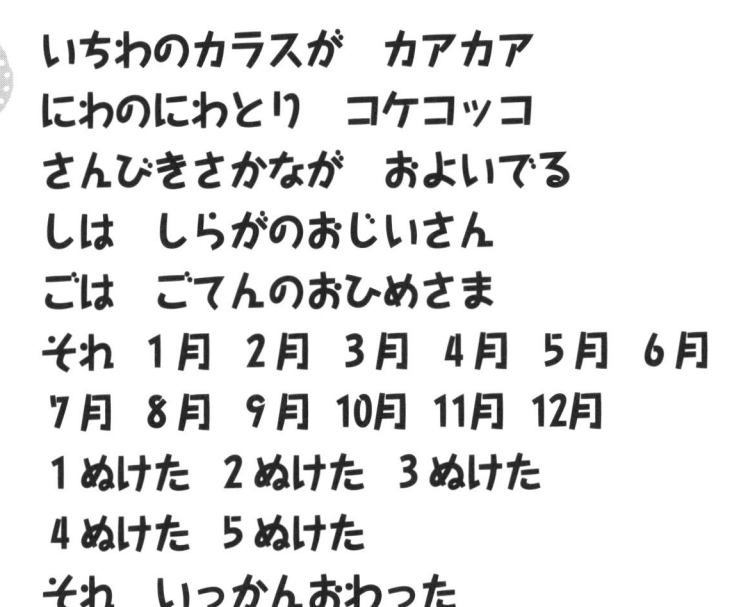

いちわのカラスが　カアカア
にわのにわとり　コケコッコ
さんびきさかなが　およいでる
しは　しらがのおじいさん
ごは　ごてんのおひめさま
それ　1月　2月　3月　4月　5月　6月
7月　8月　9月　10月　11月　12月
1ぬけた　2ぬけた　3ぬけた
4ぬけた　5ぬけた
それ　いっかんおわった

遊び方 ① ♪ 透明縄とびごっこ

間隔を離した2人が、長縄をまわしているかのように気持ちを合わせて腕をまわす。

・・

❶ いちわのカラスが　カアカア

2人で見えない長縄をまわす。そこへ1人が入って両足跳び。

❷ にわのにわとり　コケコッコ

2人目が入る。

❸ さんびき…12月

5人まで順番に入って、全員が両足跳びを続ける。

❹ 1ぬけた…いっかんおわった

長縄に足を引っかけない気分で、見えない長縄から1人目より順番に抜けていく。

スリル編

「いちわのカラス 2」

いちわのカラスが　カアカア
カーカーカーカー　カーカーカー
にわのにわとり　コケコッコ
コッココッココッココッコ　コッココッココ
さんびきさかなが　およいでる
スイスイスイスイ　スイスイスイ
しは　しらがのおじいさん
ジイジイジイジイ　ジイジイジイ
ごは　ごてんのおひめさま
ホッホホッホホッホホッホ　ホッホホッホホ

わらべうた

遊び方 ❷ ♪ 集合ごっこ

カラス、にわとり、魚、おじいさん、お姫様の5人で1組。何組でもよい。多いほど楽しい。

❶ いちわのカラスが…カーカーカー

カラス役は好きなところへ移動。

❷ にわのにわとり…コッココッココ

にわとり役が、好きなところへ移動。

❸ さんびきさかなが…ホッホホッホホ

魚が移動し、次におじいさん、最後はお姫様が好きなところへ移動。

❹ 「集まれ！」

先生（リーダー）の指示で素早く行動する。
「集まれ！」で、散らばった5人（カラス、にわとり、魚、おじいさん、お姫様）が、早く集合するのはどのグループか競争。

ひとこと

カラスは両手を羽根のように広げて、魚はひれを動かしながらという具合に、それぞれ表現活動をして移動しましょう。

スリル編

ここほれワンワン

昔話の「花咲かじいさん」に登場する犬を思い浮かべませんか。
「なにが出た？」と問えば、「○○が出た」と答える問答遊びです。
「○○が出た」のところでは、土地柄でしょうか、北海道では「熊が出た」という人がいました。リッチな人は金貨、小判、ダイヤモンドと立て続けに答えるなど、人柄がちらりと出て楽しいです。

> ♪ ここほれワンワン
> なにがでた ○○がでた
> あー よかった
> おばけがでた キャー

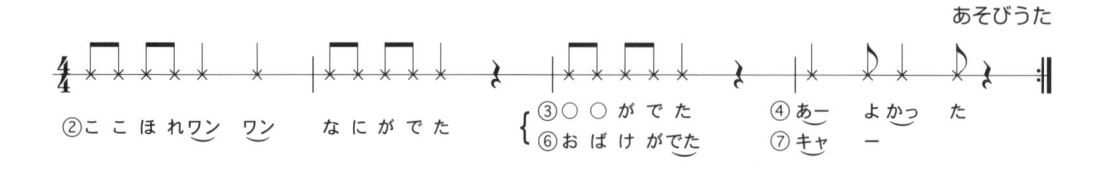

あそびうた

②ここほれワン ワン なにがでた ③○○がでた ④あー よかった
⑥おばけがでた ⑦キャー

山崎先生のミニコラム

わらべうたは、どんな人の心にも宿っています。
わらべうたには、心を育てる優しさと温かさがあります。

だから、わらべうたあそびは、心と心をつないで絆を深めるのです。

遊び方 ♪ おばけでにげろ

1人は犬、そのほかは子どもになる。

❶

最初に、犬は好きな所へ移動する。子どもたちは犬を追う。

❷ ここほれワンワン　なにがでた

子どもたちは手をつないで犬を囲む。犬は「ここほれワンワン」と地面を指す。子どもたちは「なにがでた？」と問う。

❸ ○○がでた　❹ あー　よかった

犬は、例えば「月がでた」など思いつくことばをいう。子どもたちは「あー、よかった」と胸をなで下ろす。

❺

別の場所へ移動して、❶〜❹を何回か繰り返す。

❻ おばけがでた　❼ キャー

犬が「おばけがでた」と答えたら、子どもたちは逃げる。犬は子ども1人を捕まえて、犬を交替する。

スリル編

ゆきやこんこ

リーダー役もみんなの中に混じって、いっしょにスキップしてしゃがむので、気を緩められません。
自分の目の前で突然「ネコ!」とか「イヌ!」の声が飛び出して、度肝を抜かれ、とっさの行動ができない人もいて、スリリングな遊びです。

♪ ゆきやこんこ　あられやこんこ
　　ズンズンズン　ネコ!(イヌ!)

あそびうた(文部省唱歌より)

①ゆーきやこんこ　あられやこんこ　②ズンズンズン　③{ネコ!／イヌ!}

山崎先生のミニコラム

"ゆきやこんこ"は、大人だけでやっても楽しい遊びです。スリルを求めてお化け屋敷に入るような気分になります。
ある保育園では、日ごろの仕事から解放されるためにも、ときどき先生方みんなで"ゆきやこんこ"をして、心も体もリフレッシュしているそうです。
キャーキャー、ワーワーと歓声をあげているうちに、「さあ、がんばるぞ!」と活力がみなぎってきて、一石二鳥だそうです。

遊び方 ♪

ネコかイヌか
10人以上で行う。そのうち1人がリーダーになる。

❶ ゆきやこんこ　あられやこんこ

リーダーもリーダー以外も、全員スキップで好きな所に移動する。

❷ ズンズンズン

全員徐々にしゃがんでいく。

❸ ネコ！（イヌ！）

リーダーはしゃがんだまま「ネコ」か「イヌ」のどちらかをいう。

スリル編

遊び方 ♪　ネコかイヌかのつづき

❹

リーダー以外は、リーダーの指示通りにする。
「ネコ！」で2人になって両手をつなぎ、その中に1人が入って3人組になる。
あぶれた人が次のリーダーになる。

ひとこと

リーダーの指示が「イヌ！」のとき、リーダー以外の人は逃げ、それをリーダーは追いかけます。リーダーにつかまった人が次のリーダーになります。

チュウチュウチュウ

「チュウ！」で新しいねずみが入り込んだり、「ニャーオ！」で今までの家族が分裂したり、何回も繰り返して遊んでいるうちに、ねこの鳴き声にねずみが右往左往して、それはそれはにぎやかです。

> ♪ チュウ　チュウ　チュウ
> ひっくりかえって　タコかいな
> チュウ！（ニャーオ！）

あそびうた

①チュウ　チュウ　チュウ　　ひっくりかえって　タコ　かい　な　　　な　②チュウ！／ニャーオ！

＊ 1. は、好きなだけ何回も繰り返してよい。

遊び方 ♪ 「チュウ」で引っ越し、「ニャーオ」でニューファミリー
1家族3匹（人）のねずみで、5家族以上がよい。

**❶ チュウ　チュウ　チュウ
　ひっくりかえって　タコかいな**

両手を筒状にする。そのうちの1匹が片手人差し指を出して（もう一方の手は筒状のまま）、先生（リーダー）の歌に合わせて、5つの指筒を人差し指で次々とつついていく。何回繰り返してもよい。

スリル編

遊び方 🎵　「チュウ」で引っ越し、「ニャーオ」でニューファミリーのつづき

・・

❷ チュウ！（ニャーオ！）

先生（リーダー）の「チュウ！」で、自分の指筒に人差し指を入れられたねずみは、別の家族へ移動する。

先生（リーダー）が「ニャーオ！」といったら、全部のねずみが移動して別のねずみといっしょになって3匹（人）の新しい家族をつくる。

❸

「チュウ！」で別の家族へ入り込んだねずみが、片手人差し指を出して指筒をつつく役になる。

「ニャーオ！」で新しい家族をつくったときは、3匹のうちの1匹が片手人差し指を出してつつく役になって遊びを続ける。

ひとこと

先生（リーダー）は「チュウ　チュウ　チュウ　ひっくりかえって　タコかいな」を何回も繰り返しうたったあとで、「チュウ！（ニャーオ！）」というようにすると、ねずみたちはいつ「チュウ！（ニャーオ！）」といわれるのか、ハラハラドキドキして遊びが盛り上がりますよ。

はないちもんめ

勝ち負けにこだわらないで「なかよくやろうね」と思えてくる遊びです。
また、たった今味方だったのに敵になってしまったり、敵がすぐに味方になったりと目まぐるしく入れ替わっていくことで、実はみんな友だちなんだと気づく遊びです。

♪
かってうれしい　はないちもんめ
まけてくやしい　はないちもんめ
おむかいさん　こんにちは
おむかいさん　こんにちは
ジャンケンポン　バンザイ
あらあら　ごきげんいかがです
それでは　またまたさようなら

わらべうた

スリル編

遊び方 ① ♪ グループジャンケン
1チーム2人以上で、2チームが向き合う。

❶「なにを出そうか？」

最初にグループごとにグー・チョキ・パーのどれを出すか相談する。

❷ かってうれしい…こんにちは

先行を宣言したグループから前進、交互に前進、後退する。

❸ ジャンケンポン

最初に決めたジャンケンを全員が出す。

❹ バンザイ！

勝ったら「バンザイ！」

❺ あらあら　ごきげんいかがです

相手グループの人と手をつないで回る。

❻ それでは　またまたさようなら

手を振って、グループごとに分かれる。

遊び方 ❷ ♪ ふやしジャンケン
10人以上。何人でも参加できる。

❶「なにを出そうか？」

1人対1人で向き合い、それぞれがジャンケンで何を出すか決める。

❷ かってうれしい…こんにちは

先行を宣言した人から前進、交互に前進、後退する。

❸ ジャンケンポン

ジャンケンをする。

❹ バンザイ！

勝ったら「バンザイ！」

❺ あらあら　ごきげんいかがです

手をつないで回る。

スリル編

遊び方 ❷ ♪ ふやしジャンケンのつづき

❻ それでは　またまたさようなら

ジャンケンに勝ったら、負けた人を味方にして手をつなぐ。
あいこの場合は分かれる。

❼

先生（リーダー）の合図で、2人または1人で相手を探す。時間内に探せなかったら失格。

❽

❶～❻を繰り返す。先生（リーダー）の終了の合図で、人数の多くなったグループの勝ち。

ひとこと

ジャンケンがあいこのとき、どちらも「バンザイ」をすることにしてもよいでしょう。
遊びを進めていくと、1人対4人や2人対2人など、いろんな組み合わせがあって楽しいですよ。

あんたがたどこさ

「知っているわらべうたは？」とたずねると真っ先に返ってくるのが「あんたがたどこさ」です。
「"さ"がいっぱいある、わらべうたは？」といえば「あんたがたどこさ」と返ってくるほど、日本の隅々まで伝わり愛唱されています。
問答式で次々と話が展開してワクワクし、遊びがまりつき遊びを超えてどんどん広がっていきました。

♪
あんたがたどこさ　ひごさ
ひごどこさ　くまもとさ
くまもとどこさ　せんばさ
せんばやまには　たぬきがおってさ
それをりょうしが　てっぽうでうってさ
にてさ　やいてさ　くってさ
それをこのはで　ちょいとかぶせ

わらべうた

スリル編

遊び方 １ ♪　上下顔振りごっこ＆左右顔振りごっこ
2人1組になる。何組でもよい。

❶ あんたがたどこ（❸、❺、❼、❾、⓫、⓭、⓯、⓱、⓳、㉑、㉓　※「さ」以外）

相手の顔の前に人差し指を出す。

〈上下顔振りごっこ〉

❷ さ
（❹、❻、❽、❿、⓬、⓮、⓰、⓲、⓴、㉒、㉔せ）

「さ」のときに人差し指を上か下へ動かす。相手の動かす人差し指に合わせて顔を動かせるか挑戦！

〈左右顔振りごっこ〉

❷ さ
（❹、❻、❽、❿、⓬、⓮、⓰、⓲、⓴、㉒、㉔せ）

「さ」のときに人差し指を左か右へ動かす。相手の動かす人差し指に合わせて顔を動かせるか挑戦！

遊び方 ② ♪ 花びんと花の対戦

花びん役と花役の2人が1組になる。何組でもよい。

❶ あんたがたどこ（❸、❺、❼、❾、⑪、⑬、⑮、⑰、⑲、㉑、㉓ ※「さ」以外）

1人は両手とも指先をくっつけて指筒を作り花びんにする。
もう1人は相手の花びんに人差し指を入れて花になる。

❷ さ（❹、❻、❽、❿、⑫、⑭、⑯、⑱、⑳、㉒、㉔ せ）

「さ」のときに、花びんは指をすぼめて、相手の花をキャッチする。
花は素早く花びんから抜けられるか挑戦！

スリル編

遊び方 ③ ♪ 前進後退で尻ずもう
2人1組になる。何組でもよい。

❶ あんたがたどこ　❷ さ（❺❻、❾❿、⓭⓮、⓱⓲、㉑㉒）

2人が向かい合って、1人が前進したら、もう1人は後退する。

❸ ひご　❹ さ（❼❽、⓫⓬、⓯⓰、⓳⓴）

前進していた人は後退、後退していた人は前進。「さ」を区切りに前進と後退を繰り返す。

㉓ それをこのはで　ちょいとかぶ　　㉔ せ

背中合わせになる。　　　　　　　　　お尻を突き出して、相手のバランスをくずす。

おちかさん

手をお皿に見立てて遊んでみましょう。
お皿を割る「パシャン！」という先生（リーダー）の合図がいつ飛び出すか、ハラハラドキドキのスリル満点遊びです。
注意力、集中力、反射神経もいります。

> ♪ おちかさんが　だんごくって
> さら　うちわった
> それ1こかした　それ2こかした
> それ3こかした　それ4こかした
> それ5こかした……（パシャン！）

わらべうた

① お　ちかさんが　だんごくって　さら　うちわった

② それ　いっ　こ
③ それ　に　こ
④ それ　さん　こ　　かした
⑤ それ　よん　こ
⑥ それ　ご　こ

※ 遊びに合わせて自由に繰り返す。

スリル編

遊び方 ♪   小皿わりっこ
2人1組で先行、後行を決めておく。何組でも参加できる。

❶ おちかさんが　だんごくって
　　さら　うちわった

膝をたたく。

❷ それ1こかした

「それ1こかした」

先行が1枚の皿（手の甲を上にした片手）を前に差し出す。

❸ それ2こかした

「それ2こかした」

同様に、後行がその上に1枚の皿を乗せる。

❹ それ3こかした
❺ それ4こかした

「それ4こかした」

交互に皿を積み上げて4枚にする。

❻ それ5こかした……

> それ5こかした

5枚目からは、一番下の手を上に移動させる。

❼「パシャン！」

> パシャン！

先生（リーダー）の合図で、一番下に手のある人が素早く抜いて、思いきり上からたたく。
差し出している手は、たたかれないようによける。

スリル編

さるかにかっせん

日本の昔話は、こつこつと努力することの大切さを教えてくれます。
お話を聞いた後などの気分転換に最適な遊びです。

> ♪ さるかにかっせん　しってるかい
> どっちがつよいか　しってるかい
> さるかかにか　さるかにか　どっちがつよい
> ドン！（ジャンケンポン、あいこでしょ）
> あらあら　むこうから
> あまがき　ふってきた　ホイ！

あそびうた（アメリカ民謡より）

①さるかにかっせんしってるかい　②どっちがつよいか　③しってるかい
④さるかかーにかさるかにか　⑤どっちがつよい　⑥ドン！
い　ジャンケンポン（パチン！）い　ジャンケンポン
　　（あいこでしょ）　　　　　　（あいこでしょ）
⑥あーらあらむこうから　⑦あまがきふってきた　⑧ホイ！

＊『尻ずもう』は 1. へ進む。
＊『思いっきりパチン！』は 2. へ進む。
＊『つられないでホイ！』は 3. へ進む。

遊び方 ① ♪ 尻ずもう

さるとかにの2人1組。何組でもできる。

❶ さるかにかっせん　しってるかい

さる　かに

「さる」は手のひらを顔に向けて上下にかまえ、左右に小さく動かす。
「かに」は両手をチョキにして頭の横で左右に振る。

❷ どっちがつよいか

右腕を組む。

❸ しってるかい

左腕を組む。

❹ さるかかにか　さるかにか

手をつないで揺らす。

❺ どっちがつよい

手をつないだまま背中合わせになる。

❻ ドン！

手を離して、尻ずもう。

スリル編

遊び方 ❷ ♪ 思いっきりパチン！
2人1組。何組でもできる。

❶〜❸ さるかにかっせん…しってるかい

さる　かに

遊び方❶「尻ずもう」の❶〜❸と同じ動作。

❹ さるかかにか　さるかにか

「さるか かにか」　「さる かにか」

右手で握手。次に左手も握手。

❺ どっちがつよい　ジャンケンポン（パチン！）

左手は握手したまま、右手でジャンケン。

勝ったら右手で相手の左手を素早くたたく。負けたら左手の甲に素早く右手を重ねて防御。

遊び方 3 ♪ つられないでホイ！
2人1組。何組でもできる。

❶～❹ さるかにかっせん…さるかにか

遊び方❶「尻ずもう」の❶～❹と同じ動作。

❺ どっちがつよい　ジャンケンポン

お互いにかいぐりしてジャンケン。

❻ あらあら　むこうから

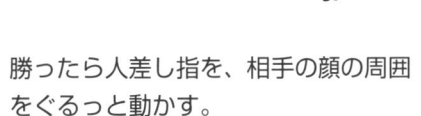

勝ったら人差し指を、相手の顔の周囲をぐるっと動かす。

❼ あまがき　ふってきた

人差し指を顔の真ん中で止める。

❽ ホイ！

人差し指を上または下に動かす。相手の指につられないよう反対方向に顔を動かせるか挑戦！

スリル編

みそラーメン

みそラーメンを、例えば塩ラーメンやもやしラーメンなど別のラーメンにするなど、ちょっとことばを替えるだけでも歌や遊びの幅が広がって楽しくなります。
ある先生が大勢の子どもに向かって手のひらを回したら、全員が「あー」と大きな声を張り上げて、発声練習になったそうですよ。

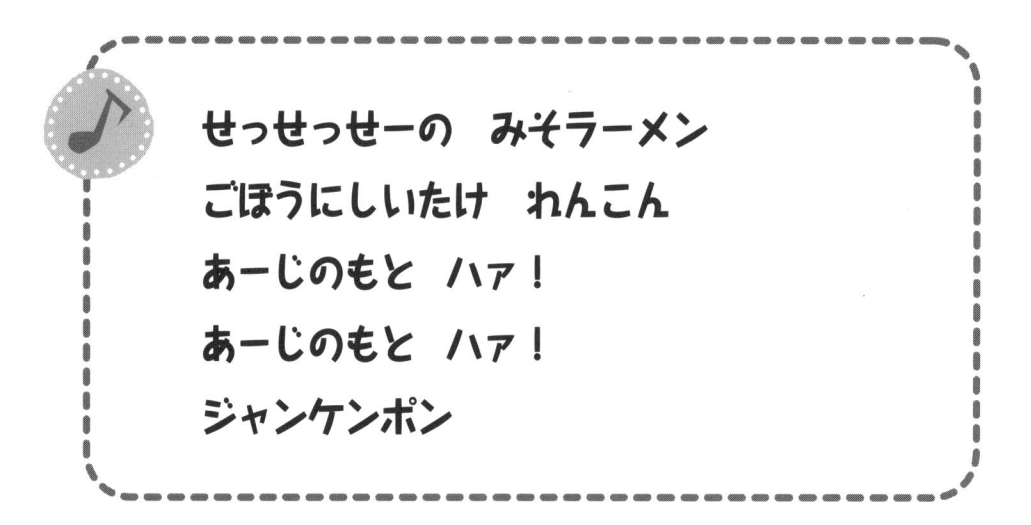

♪
せっせっせーの　みそラーメン
ごぼうにしいたけ　れんこん
あーじのもと　ハァ！
あーじのもと　ハァ！
ジャンケンポン

あそびうた

①せっせっせー の ②みそ ラー メン ③ご ぼ う に しい たけ れん こん
④あー ⑤じのもと ⑥ハァ！ ⑦あー じのもと ⑧ハァ！ ⑨ジャン ケン ポン

遊び方 ♬   ラーメンジャンケン
2人が向かい合う。

❶ せっせっせーの

げんこつを交互に積む。

❷ みそラーメン

げんこつを回してかいぐり。

❸ ごぼうにしいたけ　れんこん

膝を1回たたいて、手合わせ。繰り返す。

❹ あー

1人がおまじないをかけるように、相手に向けた片手のひらをゆっくり回している間中、もう1人はずっと「あー」と大声で叫び続ける。

スリル編

遊び方 ♫　ラーメンじゃんけんのつづき

❺ じのもと

回していた手のひらを、ぐっと押し出すと同時に「じのもと」とうたう。

❻ ハァ！

驚く。

❼ あーじのもと

＊❹❺と同じ動作。

❽ ハァ！

＊❻と同じ動作。

❾ ジャンケンポン

ジャンケンをする。

ひとこと

「あー」をできるだけ長く続けるように、手のひらを何回も回すと楽しいです。
また、例えば「あー」を「にー」に替えて「にーじのもと」にしたり、「あーじのもと」を「だーしのもと」に、「ごぼうにしいたけ　れんこん」を「もやしにぶたにく　はくさい」にするなど、違うことばでも意外性があっておもしろいです。

うたってワクワク、お話だいすき！

ストーリー編

グーチョキパー

「グー」「チョキ」「パー」だけの繰り返しなので海外でも紹介したら、「オー、ワンダフル！」と指を動かしてうたって喜んでくれました。
ストーリー性を持たせて、いろんな形をつくったり、役になったりしてみましょう。

♪ グーチョキパー　グーチョキパー
　 グーグーチョキチョキ
　 グーチョキパー　グーグーチョキチョキ
　 グーチョキパー

あそびうた

グー　チョキ　パー　グー　チョキ　パー　グー　グー　チョキ　チョキ
グー　チョキ　パー　グー　グー　チョキ　チョキ　グー　チョキ　パー

遊び方 1 ♪ 花になって遊ぼう
1人でも楽しい。

グー　　　　　チョキ　　　　　パー

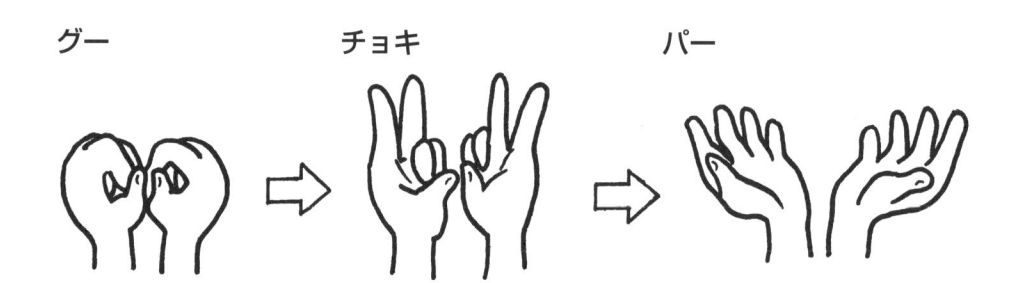

「つぼみが」　「小さな花になり」　「やがて大きな花になって、パッと咲きました」

遊び方 ❷ 🎵 ちょうちょになって遊ぼう
1人でも楽しい。

・・・

グー　　　　　　　　　チョキ　　　　　　　　　パー

⇒　　　　　　　⇒

「青虫が」　　　　　　「小さなちょうちょに変身」　　　　「やがて大きなちょうちょに
　　　　　　　　　　　　　　　　　　　　　　　　　　　　なりました」

遊び方 ❸ 🎵 花とちょうちょになって遊ぼう
2人1組になる。

・・・

2人が向かい合って、1人は「花役」（遊び方❶）、もう1人は「ちょうちょ役」（遊び方❷）になって遊ぶ。

ストーリー編

遊び方 4 ♪ おかあさんで遊ぼう
1人でもできる。

グー
「おこりんぼうになるときがあります」

チョキ
「でも、リボンのにあう」

パー
「すてきなお母さんです」

遊び方 5 ♪ おとうさんで遊ぼう
1人でもできる。

グー
「力持ちのお父さん」

チョキ
「めがねをかけて」

パー
「本を読んでいます」

遊び方 6 ♪ グーチョキパー体操
1人でもできる。

グー
「おなかがグーグー鳴り出しました」手をげんこつにして腰を振る。

チョキ
「そこでご飯を、しっかり食べました」チョキを口元へ近づけて食べる動作。

パー
「すると、おなかが大きくなって破裂してしまいました」おなかにあてたパーを上げる。

げんこつ山のたぬきさん

大人がこの歌を口ずさむと穏やかな気分になるのは、自分を育ててくれた親を思い出し、幸せだった子どもの頃を懐かしむからではないでしょうか。
乳児も大好きな歌です。まだ始まったばかりの人生ですが、「おっぱいのんで、ねんねして……」といった体験がこの歌詞に凝縮されているからでしょう。

> せっせっせーの　よいよいよい
> げんこつ山の　たぬきさん
> おっぱいのんで　ねんねして
> だっこして　おんぶして
> またあした　バンザイ！

わらべうた

①せっせっせーの ②よいよいよい ③げんこつやまの　たぬきさん
④おっぱいのんで ⑤ねんねして ⑥だっこして ⑦おんぶして ⑧またあした ⑨バンザイ！

山崎先生のミニコラム

私は、"げんこつ山のたぬきさん"をベビースクールで必ず行います。お母さんが赤ちゃんの手を優しく握り、2人が目を合わせてほほえみ合いながら、手や体を動かしている光景は、ゆったりとした時の流れになって親子ともども最高の幸せに浸っているようで、いつも感動します。
"げんこつ山のたぬきさん"は、赤ちゃんから大人まで親しまれているアイドル歌です。

ストーリー編

遊び方 １ ♪ 手げんこつで遊ぼう

2人1組でできる。親子が最適。子育て支援にも役立つ。

❶ せっせっせーの
つないだ手を上下に動かす。

❷ よいよいよい
手をつないだまま交差する。

❸ げんこつ山の　たぬきさん
自分のげんこつを合わせたり、相手のげんこつと合わせたりを、交互に繰り返す。

❹ おっぱいのんで
おっぱいを飲む。

❺ ねんねして
寝る。

❻ だっこして
ギュッと抱き合う。

❼ おんぶして
手を後ろにする。

❽ またあした
かいぐりをする。

❾ バンザイ！
バンザイをする。

遊び方 ❷ 🎵 足げんこつで遊ぼう

2人1組でできる。親子が最適。子育て支援にも役立つ。靴を履いていたら、脱がせるとよい。

❶ せっせっせの

親は子どもの足首を持って上下に振る。

❷ よいよいよい

足を交差させる。

❸ げんこつ山の　たぬきさん

足を交互に乗せる。

❹ おっぱいのんで

足を口元に近づける。

❺ ねんねして

足をほおにつける。

❻ だっこして　❼ おんぶして

足を胸につける。

❽ またあした

足でかいぐりをする。

❾ バンザイ！

両足を持ち上げる。

ストーリー編

遊び方 ❸ ♪ グループで遊ぼう

3〜4人1組。何組でもよい。

❶ せっせっせの 
つないだ手を上下に振る。

❷ よいよいよい 
手を輪の真ん中に寄せる。

❸ げんこつ山の　たぬきさん 
自分のげんこつを合わせたり、隣の人のげんこつと合わせたりを、交互に繰り返す。

❹ おっぱいのんで 
おっぱいを飲む。

❺ ねんねして 
寝る。

❻ だっこして 
抱き合う。

❼ おんぶして 
手を後ろにする。

❽ またあした 
かいぐりをする。

❾ バンザイ！ 
バンザイをしたら移動して、別の組の人たちと4人になる。

遊び方 ④ ♪ お話をつくって遊ぼう◆1

> ♪ カチカチ山の　たぬきさん
> たきぎをかついで　のぼります
> うさぎが　火をつけ　あっちっち

❶ カチカチ山の　たぬきさん

げんこつを交互に入れ替える。

❷ たきぎをかついで

両手の人差し指で四角を描く。

❸ のぼります

腕を前後に振る。

❹ うさぎが

頭の上に手をそえる（うさぎの耳をつくる）。

❺ 火をつけ

げんこつをこすり合わせて左右に放す。

❻ あっちっち

グーとパーを交互に出す。

ストーリー編

遊び方 5 ♪ お話をつくって遊ぼう◆2

> げんこつ山の　たぬきさん
> ドロンとばけて　うさぎさん
> ピョンとはね　ピョンとはね　またあした

❶ げんこつ山の　たぬきさん

げんこつを交互に入れ替える。

❷ ドロンとばけて

人差し指を伸ばしたげんこつで、もう一方の人差し指を握るようにして重ねる。

❸ うさぎさん

頭の上に手をそえる（うさぎの耳をつくる）。

❹ ピョンとはね　ピョンとはね

跳んで半回転し、もう1回跳んで元に戻る。

❺ またあした

両足とびで3歩前進する。

ぼくはきみがすきだ

ユーモラスな愛の告白のうた遊びです。
歌だからこそ、「好きだ、好きだ、好きだ」と気楽に告白できます。気持ちが伝わってくるさわやかな歌です。
2人が向き合ったら、ほほえみながら、語りかけるようにうたってみましょう。

♪
ぼくは　きみが　すきだ
ぼくは　きみが　すきだ
ぼくは　きみが　すきだ
すきだ　すきだ　すきだ

あそびうた

①ぼくは　②きみが　③すきー　だ　①ぼくは　②きみが　③すきー　だ
①ぼくは　②きみが　③すきー　だ　④すきだ　⑤すきだ　⑥すきだ

山崎先生のミニコラム

携帯電話、インターネットなどの普及で、面と向き合ってのコミュニケーション力が低下してきています。
特に親子げんかしたり、友だちとけんかしてしまったとき、先生と子どもの間が気まずくなったときに、"ぼくはきみがすきだ"がうってつけのうた遊びです。
「♪ぼくは　きみが　すきだ……」と口ずさめば、きっと相手の心に響いて、たちどころに仲直りしたり、よりが戻ったりします。

ストーリー編

遊び方 ♪ すきだ、すきだ、すきだ！
2人1組になる。何組でもできる。

❶ ぼくは

自分を指差す。

❷ きみが

相手を指差す。

❸ すきだ

両手を合わせて顔を傾ける。

❹ すきだ

両手を広げて少し前に出す。

❺ すきだ

出した両手を左右に開く。

❻ すきだ

開いた両手を大きく上に上げる。

ひとこと

花や動物、食べ物など、何でもお気に入りを指したり、思い浮かべたりしてうたってみましょう。
例えば「ママはぼくがすきだ」「パパはひろちゃんがすきだ」「ぼくはゾウがすきだ」「わたしはカレーがすきだ」「○○はチューリップがすきだ」など。

おおきなくりの木のしたで

「大きなくりの木の下で、お店やさんごっこをしましょう！」と呼びかけると、ほとんどの人がポカンとした顔になります。準備がたいへんなお店やさんごっこを想像するようです。でも、即席のお店やさんごっこは、大受け間違いなしです。

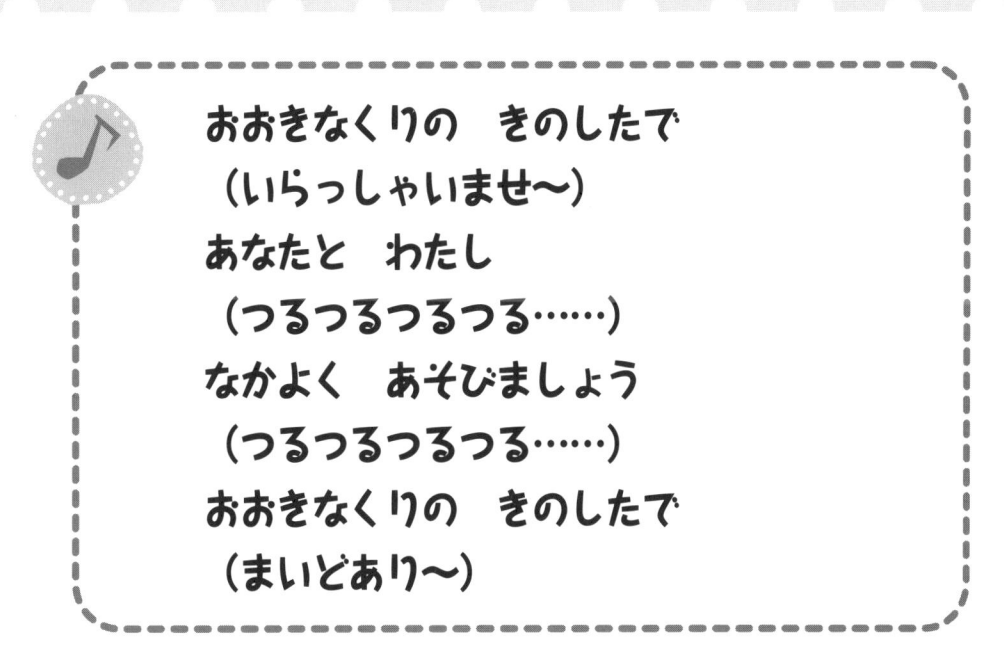

> ♪ おおきなくりの　きのしたで
> （いらっしゃいませ〜）
> あなたと　わたし
> （つるつるつるつる……）
> なかよく　あそびましょう
> （つるつるつるつる……）
> おおきなくりの　きのしたで
> （まいどあり〜）

作詞不詳／イギリス民謡

①おお　き　な　く　り　の　②き　の　③し　た　④で
⑤
1: おそばやさんごっこ　（いらっしゃいませ〜）
2: とこやさんごっこ　　（いらっしゃいませ〜）
3: おふろやさんごっこ　（いらっしゃいませ〜）
4: おいしゃさんごっこ　（いらっしゃいませ〜）

⑥あ　な　ー　た　と　⑦わ　た　し
⑧
（つるつるつるつる…）
（チョキチョキチョキ…）
（い〜いゆだな♪）
（ブス〜ッ　あいたたた〜）

⑨な　か　よ　く　あ　そ　び　ま　しょう
⑩
（つるつるつるつる…）
（チョキチョキチョキ…）
（い〜いゆだな♪）
（ブス〜ッ　あいたたた〜）

⑪おお　き　な　く　り　の　き　の　し　た　で
⑫
（まいどあり〜）
（できあがり〜）
（またどうぞ〜）
（おだいじに〜）

ストーリー編

遊び方 ♪ おそばやさんごっこ
1人でもできる。多いほど楽しい。

❶ おおきなくりの 
手を輪にする。

❷ きの 
頭をさわる。

❸ した 
肩をさわる。

❹ で 
手を下ろす。

❺ 「いらっしゃいませ〜」 
頭を下げてあいさつ。

❻ あなたと 
人差し指を出す。

❼ わたし 
自分を指す。

❽ 「つるつるつるつる…」 
そばを食べる動作。

❾ なかよく あそびましょう 
手を交差して顔を振る。

❿「つるつるつるつる…」　⓫ おおきなくりの　　　⓬「まいどあり〜」
　　　　　　　　　　　　きのしたで

そばを食べる動作。　　　❶〜❹に同じ。　　　　頭を下げてあいさつ。

ひとこと

「おそばやさんごっこ」以外でも遊んでみましょう。

『とこやさんごっこ』　　『おふろやさんごっこ』　『お医者さんごっこ』
　　　なら　　　　　　　　　　なら　　　　　　　　　　なら

「チョキチョキチョキ…」　「いい湯だな♪」　　　　「ブスーッ　あいたたた〜」
はさみで髪を切る動作。　腰を左右に振る。　　　注射をさす動作。

ストーリー編

でんでんでんぐるま

子どもは楽しいお話が大好き。表情豊かに動作しながらうたいましょう。
お話の主人公のような気分になってしぐさをする子どもを観察していると、意外な子どもの姿に気づかされます。

♪
でんでんでんぐるまの　おがきれた
なかいれのひとつ（サッ！）
かただまのふたつ（サッ！）
りょうだまのみっつ（サッ！）

わらべうた

※の箇所で"サッ！"などを入れる。

遊び方 ♪ でんでんでんぐるまのストーリーあそび

はじめに Ⓐ Ⓑ Ⓒ の基本動作を覚えましょう。

Ⓐ 両ひざをたたく。

Ⓑ かいぐりをする。

Ⓒ 1拍ずつ両ひざをたたいたら両手をひらく、を繰り返す。

◆お話をしながら、※の部分に ❶〜❽ のことばと動作をはさんで、うたっていきましょう。

1番
「あるところに、おばあさんがいました。
やっと仕事を終えると、風が"サッ!"と吹いてきました」

Ⓐ でんでんでんぐるまの

Ⓑ おがきれた

Ⓒ なかいれのひとつ

❶ サッ!

右斜め上から左斜め下へ両手を振り下ろす。

Ⓒ かただまのふたつ

❶ サッ!

Ⓒ りょうだまのみっつ

❶ サッ!

ストーリー編

| 2番 | 「そこでおばあさんは、"ハッ！"と驚きました」 | 3番 | 「ところがやさしい風だったので、"ホッ！"としました」 |

❷ ハッ！

驚いた表情で両手をひらく。

❸ ホッ！

ホッとして胸に両手をあてる。

| 4番 | 「すると、急にねむくなり、"スーッ！"とねむってしまいました」 | 5番 | 「次の朝、気持ちよく"パチッ！"と目ざめました」 |

❹ スーッ！

顔の横に両手をそえて、ねんねのポーズ。

❺ パチッ！

両目をパッチリ開けて、両手をひらく。

| 6番 | 「おなかの調子もよく、トイレで"ウーン！"とがんばって出しました」 | 7番 | 「そしておしりをきれいに"ゴシゴシ"とふきました」 | 8番 | 「最後は"ジャー！"と水を流して、すっきりしましたとさ」 |

❻ ウーン！

腰を振る。

❼ ゴシゴシ

おしりをこする。

❽ ジャー！

トイレの水を流す。

おたまじゃくし＆ごんべさんのあかちゃん

お話は子どもの心を豊かにします。
物語を聞いているような気分で楽しむ遊びです。
次の動作に入る前に、次はどうなるのか説明してから始めるとよいでしょう。歌と歌の間にはさむひとことが、遊びをより引き立てます。

「おたまじゃくし」

♪ おたまじゃくしは　かえるのこ（※）
　　なまずのまごでは　ないわいな（※）
　　それがなにより　しょうこには（※）
　　やがて　てがでる　あしがでる

永田哲夫・東辰三 訳詞／アメリカ民謡

Ⓐお　た　まじゃ　くし　は　Ⓑか　える　のこ　※　Ⓐな　まず　のま　ごで　は　Ⓑない　わい　な　※
Ⓐそ　れが　な　により　Ⓑしょうこ　には　※　Ⓒやがーてて　がでる　あし　がでる

※の箇所で"あら〜"などを入れる。

はじめにⒶⒷⒸの基本動作（共通）を覚えましょう。

Ⓐ 頭の上で手を輪にする。 
Ⓑ 体を左右に振る。 
Ⓒ 手をたたく。

ストーリー編

遊び方 1 ♪ おたまじゃくしのストーリーあそび

◆お話をしながら、※の部分に❶～❹のことばと動作をはさんで、うたっていきましょう。

1番　「おたまじゃくしがかえるの子だとは驚き!?」

Ⓐ おたまじゃくしは　　Ⓑ かえるのこ 　　❶ あら〜

両手を広げる。

Ⓐ なまずのまごでは　　Ⓑ ないわいな　　❶ あら〜

Ⓐ それがなにより　　Ⓑ しょうこには　　❶ あら〜

同じ動作の繰り返し。

Ⓒ やがて　てがでる　あしがでる

2番　「でも、信じられない……」

❷ ほんとかな？

腕を組んで頭をかしげる。

3番　「うわー、手や足がでた！！」

❸ やったぜ、ベイビー

両手を腰にあて、片手をピースにする。

| 4番 | 「見て見て、このおたまじゃくし！」

❹ まあ、かわいい

手も顔も振る。

遊び方 ❷ ♪　ごんべさんのあかちゃんのストーリーあそび

◆「かぜひいた」のあとに、※の部分で❶〜❻のいろいろなことばと動作をはさんで、うたっていきましょう。

「ごんべさんのあかちゃん」

> ごんべさんのあかちゃんが　かぜひいた（※）
> ごんべさんのあかちゃんが　かぜひいた（※）
> ごんべさんのあかちゃんが　かぜひいた（※）
> そこであわてて　しっぷした

「おたまじゃくし」と同じメロディーでうたいましょう。

| 1番 | 「ごんべさんの赤ちゃん、どうしたのかしら」

Ⓐ ごんべさんの　　Ⓑ かぜひいた　　❶「あらっ!?」　　Ⓒ そこであわてて
　あかちゃんが　　　　　　　　　　　　　　　　　　　　しっぷした

額に手を当てる。

ストーリー編

| 2番 | 「とうとう風邪をひいてしまいました」

❷「はっくしょん！」

クシャミをする。

| 3番 | 「そこで手をきれいに洗いました」

❸「ジャブジャブジャブ！」

手を洗う動作。

| 4番 | 「そして、うがいもすることにしました」

❹「ガラガラガラ！」

うがいの動作。

| 5番 | 「最後にぐっすりねむりました」

❺「グ〜！」

ねんねのポーズ。

| 6番 | 「風邪が治って元気になりました」

❻「やったー！」

ピースサイン。

ＣＤ収録曲一覧

収録順	曲　名	作詞／作曲	掲載頁
\multicolumn{4}{c}{さわってさわって コチョコチョ、ギュッ！●スキンシップ編}
1	いっぽんばし	わらべうた	6
2	くしゃみさんかい	あそびうた	9
3	いろはにこんぺいとう	あそびうた	12
4	やまがあって	わらべうた	18
5	ここはじいちゃん	わらべうた	20
6	まあかわいい	あそびうた	22
7	おうま	林　柳波　詞／松島つね　曲	24
8	ぎったんばったん	わらべうた	26
9	ずいずいずっころばし	わらべうた	28
10	せんたっきグルグル	あそびうた	31
11	あぶくたった	わらべうた	36
\multicolumn{4}{c}{ハラハラドキドキ 友だちいっぱい できるかな？●スリル編}
12	わんわんほえるよ こいぬ	あそびうた（外国曲より）	42
13	いちわのカラス１	わらべうた	48
14	いちわのカラス２	わらべうた	50
15	ここほれワンワン	あそびうた	52
16	ゆきやこんこ	あそびうた（文部省唱歌より）	54
17	チュウチュウチュウ	あそびうた	57
18	はないちもんめ	わらべうた	59
19	あんたがたどこさ	わらべうた	63
20	おちかさん	わらべうた	67
21	さるかにかっせん	あそびうた（アメリカ民謡より）	70
22	みそラーメン	あそびうた	74
\multicolumn{4}{c}{うたってワクワク、お話だいすき！●ストーリー編}
23	グーチョキパー	あそびうた	78
24	げんこつ山のたぬきさん	わらべうた	81
25	ぼくはきみがすきだ	あそびうた	87
26	おおきなくりの木のしたで	作詞不詳／イギリス民謡	89
27	でんでんでんぐるま（１番のみ収録）	わらべうた	92
28	おたまじゃくし（１番のみ収録）	永田哲夫・東　辰三　訳詞／アメリカ民謡	95
29	ごんべさんのあかちゃん（２番のみ収録）◎「28　おたまじゃくし」と同じメロディーです。楽譜は掲載していません。	作詞不詳／アメリカ民謡	97

＊楽譜とＣＤの音の高さが異なる曲もあります。楽譜にこだわらず、好きな高さで気楽にうたいましょう。
＊「あそびうた」とは「わらべうた」の中でも比較的新しい曲のことです。

著者紹介
●山崎治美

うた遊び・ふれあい遊び研究家。中日こども会講師。各地の保育技術研修会、子育て支援講座、家庭教育講座、中高年の集いなどで指導に活躍中。愛知県立保育大学校講師などを歴任。

<おもな著書>

『楽しい手品あそび62』『ボールゲーム・体力向上ゲーム117』『楽しい指あそび・手あそび160』『思いっきり笑える頭と体のゲーム＆遊び集』『つどいと仲間づくりのリズムゲーム集』『つどいと仲間づくりの遊びうたゲーム集』（以上、黎明書房）、『ねえうたって あそんでよ』『さあいっしょに あそぼうよ』（以上、KTC中央出版）、『とんだりはねたり リズムプレー』『みんな元気に運動あそび1、2、3』（以上、小学館）ほか。

<連絡先>

〒456-0023 名古屋市熱田区六野2-6-29-101

音楽制作協力・カンマーザール芸術文化協会
　　　　　　　田中省三（名古屋音楽大学教授）
　　　　　　　国藤真理子（愛知文教女子短期大学准教授）
楽　　譜・石川ゆかり
イラスト・伊東美貴

山崎治美の楽しいわらべうたあそび集

2008年6月10日　初版発行
2009年8月30日　3刷発行

著　者	山崎治美
発行者	武馬久仁裕
印　刷	株式会社　太洋社
製　本	株式会社　太洋社

発 行 所　　株式会社　黎明書房

〒460-0002　名古屋市中区丸の内3-6-27　EBSビル
　　☎052-962-3045　FAX052-951-9065　振替・00880-1-59001
〒101-0051　東京連絡所・千代田区神田神保町1-32-2
　　南部ビル302号　☎03-3268-3470

落丁本・乱丁本はお取替します。　　ISBN978-4-654-06088-7
Ⓒ H. Yamazaki 2008, Printed in Japan
日本音楽著作権協会（出）許諾第0804882-903号